【FUN READING】
【ABOUT CHINA】

悦读中国

中国文化艺术

于 闻/编著

全国百佳图书出版单位

时代出版传媒股份有限公司

黄山书社

图书在版编目(CIP)数据

中国文化艺术 / 于闻编著. --合肥：黄山书社，2012.12

（悦读中国）

ISBN 978-7-5461-2497-1

Ⅰ.①中… Ⅱ.①于… Ⅲ.①文化艺术—中国—通俗读物 Ⅳ.①G12-49

中国版本图书馆CIP数据核字(2012)第290645号

悦读中国：中国文化艺术

YUE DU ZHONG GUO : ZHONG GUO WEN HUA YI SHU　　　　　　于　闻　编著

出 版 人：任耕耘　　　　　　　　　　　　责任编辑：李　南
责任印制：戚　帅　李　磊　　　　　　　　装帧设计：商子庄

出版发行：时代出版传媒股份有限公司（http://www.press-mart.com）
　　　　　黄山书社（http://www.hsbook.cn）
　　　　　（合肥市蜀山区翡翠路1118号出版传媒广场7层　邮编：230071）
经　　销：新华书店　　　　　　　　营销电话：0551-63533762　63533768
印　　刷：安徽联众印刷有限公司　　电　　话：0551-65661327

开　　本：710×875　1/16　　　　　　印张：7　　　　字数：112千字
版　　次：2012年12月第1版　　　2013年2月第2次印刷
书　　号：978-7-5461-2497-1　　　　　　　　　　定价：32.00元

前言

　　苹果公司的创始人史蒂夫·乔布斯最喜爱的课程是书法课，漂亮的美术字给予他创造"苹果"的灵感——这是书法的魅力，也是艺术的魅力。中国的艺术远远不止书法，还有中国的山水画、雕塑、戏曲、音乐、舞蹈、影视……这些至今仍在滋养中国人的艺术，具有强大的生命力和与时俱进的代谢能力。

　　本书重点介绍了最具中国特色的文化艺术形式，并配以丰富而精美的图片，生动有趣。

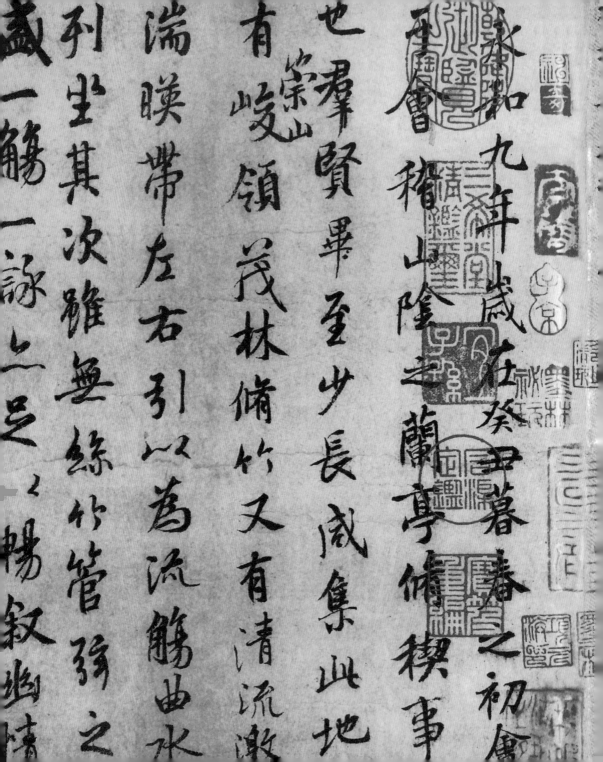

永和
九年歲在癸丑暮春之初會
于會稽山陰之蘭亭脩稧事
也羣賢畢至少長咸集山地
有峻領茂林脩竹又有清流激
崇山
湍暎帶左右引以為流觴曲水
列坐其次雖無絲竹管弦之
盛一觴一詠亦足以暢叙幽情

目录

4 戏曲

5 音乐舞蹈

6 影视与话剧

书法

　　汉字产生后，经过数千年的发展与完善，同时也被艺术化地创作和美化，形成了独特的书法艺术。书法艺术已经成为中华民族的标志之一。

神奇的方块字

　　汉字是世界上最古老的文字之一，已有六千年左右的历史。从古至今，汉字的形体发生了很大的变化，由原始的图形符号变为由笔画构成的方块形文字，所以汉字也叫"方块字"。汉字经历了甲骨文、金文、小篆、隶书、楷体等字体的演变。

发现甲骨文

　　甲骨文是刻在龟甲、兽骨上的早期的中国文字。商代时（前1600—前1046），统治者信奉神灵，无论大事小事都要进行占卜，以问吉凶。占卜所用的材料主要是龟甲和兽骨，事后他们还会将占卜的内容和结果刻在上面。这些留下来的文字资料，就是甲骨文。

　　甲骨文主要是指殷墟甲骨文，因此又称"殷墟文字"，在商朝灭亡后刻有文字的甲骨被埋于地下。这

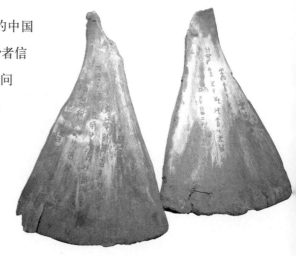

◆ 甲骨文（商）

些甲骨被发掘后，最初被当做一种中药材——"龙骨"。直到19世纪末，清代学者王懿荣无意间在药铺所售的"龙骨"上发现了刻字。自此甲骨文才引起考古学家和语言学家的注意，并在全世界掀起了甲骨文研究热潮。

● 甲骨文包含多少单字？
已识别的单字有多少？

在目前出土的大约15万片甲骨上，发现了4500多个单字，已识别的单字约有1700多个。这些文字的内容，涉及商代政治、军事、文化、社会习俗等方面，还包括天文、历法、医药等科学技术。

甲骨文、简化汉字对比

Ψ → 牛　　　　🦌 → 鹿

Ψ → 羊　　　　🐟 → 鱼

🐅 → 虎　　　　�car → 车

汉字字体的演变

在甲骨文之后，中国汉字经历了漫长的演变过程。

首先登场的是"金文"，这是一种见于青铜器上的铭文，字体比甲骨文方正整齐，也更均匀对称。秦始皇统一中国后，将字体较长的"小篆"作为标准字体，下令全国使用。汉代时将结构扁平的"隶书"作为标准字体，同时在隶书的基础上演变出笔画连绵的"草书"。汉末产生了形体方正的"楷书"，这是方块字定型的标志，这一时期还出现了在楷书的基础上产生的"行书"，它是介于草书和楷书之间的一种字体。宋代时，随着活字印刷术的发展产生了"宋体"，它是汉字的主流印刷字体。

◆ 毛公鼎（西周）

◆ 毛公鼎铭文

毛公鼎的铭文有32行，共计497个汉字，是目前发现的最长的青铜器铭文。

图片	金文	小篆	隶书	草书	楷书	行书	宋体

● **为什么在香港、澳门、台湾等地区使用的汉字看上去更复杂一些？**

　　汉字有两种形体，即繁体和简体。最初，汉字都是繁体字，而且很多汉字不只有一种写法。从20世纪50年代开始，中国开始对文字进行简化改革，并且得到新加坡、马来西亚、泰国等使用汉字国家的响应。

　　目前，简体字在中国内地，以及新加坡、马来西亚、泰国、印度尼西亚等东南亚国家使用，而中国的香港、澳门、台湾等地区仍使用繁体字。

◆ **香港夜景**（图片提供：全景正片）
　　香港街头店铺的招牌使用的都是繁体字。

简体字、繁体字对比

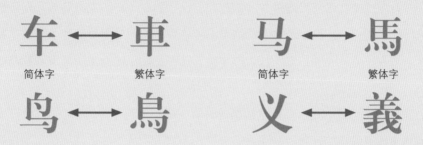

车 ←→ 車　　　　马 ←→ 馬

简体字　　　繁体字　　　简体字　　　繁体字

鸟 ←→ 鳥　　　　义 ←→ 義

小 资 料

"最中国"汉字——和

在2008年北京奥运会开幕式上，几百名表演者扮演的活字印刷字模通过不断变换，用大篆、小篆、楷书三种不同字体展现了同一个汉字——和。

"和"在中国包含和谐、和平、和睦等意思，在2010年《中华遗产》杂志社组织的"100个最具中华文化意义的汉字"评选活动中获得网上投票的最高票数，成为当之无愧的"最中国"汉字。

◆ "最中国"汉字——和

独树一帜的方块字

与西方国家普遍使用的拼音文字相比，汉字具有特殊的表意功能，在世界文字之林中独树一帜。汉字最古老的造字法是象形法，即用简单的线条描摹事物的形状，使人一看就能明白它所代表的事物。这种造字方法奠定了汉字表意功能的基础。

许多人并不懂中文，却被这神秘的方块字吸引，他们穿着印有汉字的T恤，或者携带印有汉字的挎包，甚至将方块字作为文身。著名的足球明星贝克汉姆热爱文身，在他众多的文身中，有一处由"生死有命富贵在天"8个汉字构成的文身格外引人注目。而在刚刚结束的2012伦敦奥运会上，各国运动员身上的汉字文身可以说是一道独特的风景线，在奥运会场上刮起了一股中国风。

有趣的三叠字

由三个相同的汉字组成的、采用品字形组合方式的汉字被称为"三叠字"。常见的三叠字有品、众、森、鑫、晶、矗、淼、焱等。

长得像的汉字

在汉字中，有一些字看上去非常像，但是意思却是千差万别。你能分得清它们吗？

如：大 太 犬
人 入
田 甲 由 申
己 已 巳

● 方块字的结构有哪些？

在小小的方块内，汉字呈现了不同的形体结构。让我们一起到方块的世界里看一看：

天▢　江▯▯　吉▭　掰▯▯▯　曼▤

桔▦　邵▦　荫▤　盐▤　疑▦

照▤　边◰　问◰　困◰　函▢

小 资 料

汉字的特点

汉字是现在仍在使用的最古老的文字。

汉字是世界上使用人数最多的文字。

汉字是唯一集形象、声音和词义三者于一体的文字，因而具有独特魅力。

汉字是由笔画的不同组合方式构成的，一字一块，形式优美。汉字的字形使中国的书法艺术别具一格，极具审美价值。

汉字一字一音，每个音又分为四种声调，读来婉转动听，有韵律感。用这种语言写成的诗歌，节奏鲜明，读起来朗朗上口。

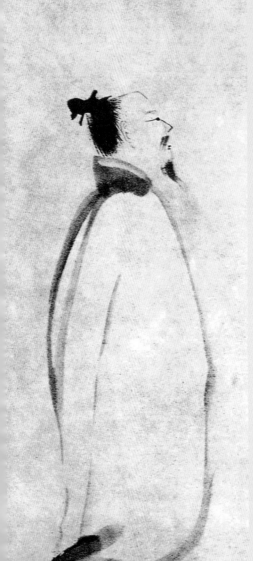

望庐山瀑布

李白（唐）

rì zhào xiāng lú shēng zǐ yān
日 照 香 炉 生 紫 烟，

yáo kàn pù bù guà qián chuān
遥 看 瀑 布 挂 前 川。

fēi liú zhí xià sān qiān chǐ
飞 流 直 下 三 千 尺，

yí shì yín hé luò jiǔ tiān
疑 是 银 河 落 九 天。

◆ 《太白行吟图》梁楷（南宋）

中国字用什么书写

> 汉字书法，离不开中国传统的"文房四宝"，即笔、墨、纸、砚。

柔软的毛笔

笔是主要的书写工具。在古代中国，人们使用的是毛笔。毛笔的笔头由兽毛制成，柔软、富有弹性。19世纪80年代中期，钢笔的发明使人们的书写方式发生了巨大的变化。此后，性能更加优良的圆珠笔也得到广泛的运用。但是，毛笔依然是汉字书法不可替代的书写工具，只有柔软的毛笔才能表现出汉字笔画的变化与起伏。

● **毛笔是用什么制成的？**

毛笔的结构可以分为笔头、笔管、笔帽三个部分。笔头由兽毛制成，最初是用兔毛，后来也用羊、狼、鸡等动物的毛；笔管和笔帽多由竹子制成，也有用木头或金属制成的。

◆ 羊毫笔（清）

固体的"墨水"

　　墨是中国古人在书写或绘画时所使用的黑色块状颜料，也叫"墨锭"。人们将墨放在砚台上加水研磨，磨出来的墨汁便可直接用于书写或绘画。中国古代制墨的原料多样，根据原料的不同，墨可分为松烟墨、油烟墨、油松墨等。墨可以被制成各种不同的形状，有圆形、椭圆形、正方形、长方形、多边形等。墨的表面上一般还装饰有各种图案。

◆ 御墨（清 乾隆）

◆ 集锦墨（清）
集锦墨是指装饰美观的成套的墨，多用来收藏或赠送亲友。

墨模

墨模是制墨的模具，多为木质的，也有金属质的。制墨时，将和好的墨膏放入墨模中压紧，晒干后便是墨锭。墨模诞生于东汉时期，一直到元代时形制都较简单，且制作一个墨锭需要多个墨模的配合。明清时期，墨模得到改进，雕刻也更为细致，人们只用一个墨模便可制造出一个精美的墨锭。墨模的发展带动了制墨业的崛起，人们生产出了许多珍贵的墨品。

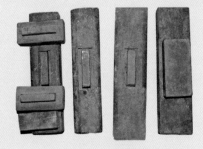

◆ 古代墨模

● **中国有一句俗话"近墨者黑"，墨都是黑色的吗？**

黑色是墨最常见的颜色，但也有其他颜色的墨。唐代时出现了有色墨，以黄墨和朱墨最为有名。在古代，有色墨主要用于点校图书。

◆ 朱砂墨（清）

"纸中之王" ——宣纸

造纸术是中国四大发明之一。纸的出现，为人们带来了轻巧方便的书写载体，也成就了中国的书画艺术。书法中最常用的纸是宣纸，其洁白平滑、柔韧细腻，且具有耐久性、抗虫性、耐热、耐光等性能，适合长期保存，因而具有"千年美纸"、"纸中之王"的美称。

● 宣纸是什么纸？

宣纸原产于安徽泾县，唐代属宣州（今属安徽），故名。其原料有青檀树皮和沙田稻草等。宣纸按加工方法的不同，可分为生宣和熟宣两种。生宣是没有经过额外加工的宣纸，吸水性强，多用于绘制泼墨画和写意山水画；熟宣是宣纸加工时涂以明矾，吸水能力弱，多用于绘制工笔画，也用于古画修复、练习书法、民间剪纸等。

◆ 大清宣统御制宣纸

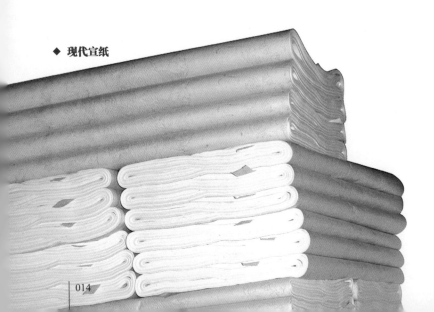

◆ 现代宣纸

1 浸渍

2 蒸煮

4 水捞

3 漂白

5 贴烘

◆ **古代宣纸生产过程**

珍贵的磨墨器——砚

　　砚，也称"砚台"，是磨墨的工具。砚的材质多样，按照材质的不同，砚可以分为石砚、泥陶砚、瓷砚、漆木砚、玉砚、金属砚等，以石砚最为常见。砚的形状也很多，主要有几何形砚、动物形砚、植物形砚、箕形砚、抄手砚、圈足砚等。砚的制作融合了中国雕刻、绘画、文学等因素，极具收藏价值。

◆ 鹭形端砚

小 资 料

中国四大名砚

　　中国四大名砚是指端砚、歙砚、洮河砚和澄泥砚。端砚产于端州（今广东肇庆），歙砚产于歙州（今江西婺源一带），洮河砚产于洮州（今甘肃临潭），三者均为石砚。澄泥砚最早产于山西省绛县，是泥陶砚。

◆ 抄手歙砚（明）

◆ 荷叶鲤鱼形澄泥砚

学写毛笔字

　　铺开一张宣纸，拿起毛笔，蘸上砚台上磨好的墨，就可以开始写毛笔字了。要写得一手好字可不是一件简单的事情，即使是地道的中国人也没有几个敢自诩为"书法家"。学习书法首先要掌握正确的执笔和运笔方法，加上不断的练习才能取得进步。

执笔在手

　　几乎所有的书法教材、临摹字帖的封面都有一个右手执笔的姿势图。执笔对于书法就像拿筷子对于中餐一样，它是学习书法的第一环节。

　　最基本的执笔方法是"五字执笔法"，五字是指"捺（yè）、押、钩、格、抵"，分别对应右手的拇指、食指、中指、无名指和小指。五指的通力配合才能稳健地执笔，也才能使毛笔在写字的过程中上下左右灵活地运动。

钩：中指弯曲，指尖斜向下勾住笔管的外侧，向掌心方向用力。

押：食指的第一关节靠拇指的边侧用力贴住笔管的外侧，与拇指内外配合固定毛笔。

格：无名指弯曲，用指甲与肉的交际处抵住笔管，用力方向与中指相反。

抵：小指弯曲，紧贴无名指，对无名指起辅助作用。

捺：用拇指的指肚按住笔管内侧。

● 为什么有人站着写毛笔字？

　　写毛笔字可以坐着写，也可以站着写。一般来说，坐姿适合于写较小的字，站着适合于写大字。因为写大字时要调动手腕、手臂、腰部甚至全身的力量，只有站着才能做到统观全局，运笔流畅。

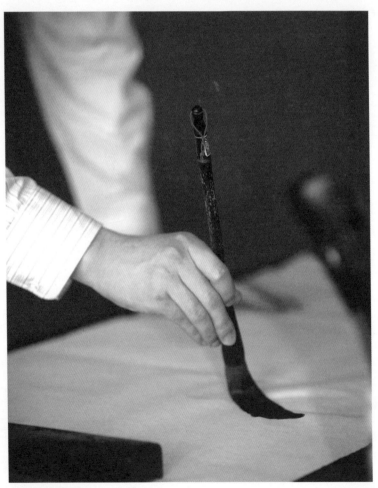

◆ **站着写毛笔字**

点画的交锋——运笔方法

运笔即用毛笔写出毛笔字的过程。汉字由基本的笔画构成，最基本的笔画是：点、横、竖、折、钩、提、撇、捺。中国古代书法家经过长期的实践，总结了基本笔画的运笔方法，体现在楷书"永"字的书写上，即"永字八法"。

永字八法

永字八法，即"永"字的八个笔画：点、横、竖、钩、仰横、撇、斜撇、捺。

⊖ 点：笔锋着纸后向右，慢慢加重力道，再慢慢上收。

⊖ 横：笔锋触纸后向右下压，作一横向笔画，再慢慢收起。

⊖ 竖：作一竖向笔画，慢慢向下写，最后向左微作一曲度。

⊖ 钩：顺竖向笔画的笔势向左上偏出笔，很快收笔向上。

⊖ 仰横：笔锋触纸向右压，再转右上斜画而慢慢收起。

⊖ 撇：向左下快而准地出笔，干净利落地提笔。

⊖ 斜撇：向左下用力并快速下笔和收笔。

⊖ 捺：向右下徐徐下笔，收笔时下压，并向右横画慢慢收起。

● **有的汉字笔画很多，怎么确定先写哪一个笔画？**

书写汉字时，笔画组合有一定的先后顺序，即笔顺规则。一般遵循的顺序是：先横后竖、先撇后捺，从上到下、从左到右、从外到内，先里头后封口、先中间后两边。

举例：（笔顺演示）

先横后竖：　一　十

先撇后捺：　丿　八

从上到下：　丶　亠　文

从左到右：　丿　川　川

从外到内：　广　门　问

先里头后封口：　冂　囚　囚

先中间后两边：　亅　小　小

中国画

中国画简称"国画",是具有悠久历史和优良传统的中国民族绘画。其作画方式一般是用毛笔蘸水、墨、颜料,在宣纸或绢上作画。中国画的题材以人物、山水、花鸟三大类为主。中国画和注重写实的素描画、油画不一样,其注重的是神韵和意境。

水与墨的艺术

　　水墨画是中国画的代表，体现了中国画注重意境的审美理想，在世界美术领域中自成独特体系。

墨分五色

　　墨是黑色的，与不同量的水融合后，会产生出焦墨、浓墨、重墨、淡墨、清墨五种墨色。水墨画最重要的就是墨色的层次变化，所以掌握好墨与水的比例是绘制水墨画的关键所在。

　　焦墨不加水，黑而厚黏；浓墨不加水，黑却不厚黏；重墨加少许水，黑而透明；淡墨水分较多，灰色透明；清墨水分最多，颜色最淡，接近清水。

焦墨

浓墨

重墨

淡墨

清墨

中国画的颜料

中国画以黑白为主体颜色，其他颜色为辅助色。常用的辅助色是朱红色和青色，因此中国画又称"丹青"。传统的中国画颜料可分为矿物颜料和植物颜料。矿物颜料是从矿石中提炼出来的，有朱砂、石青、石绿等，具有不易褪色、色彩鲜艳的特点；植物颜料则是从植物的根、茎、叶中提炼出来的，有花青、藤黄、胭脂等，质地透明，但容易褪色。矿物颜料和植物颜料结合使用，可以使画面达到浓淡相间、虚实相生的效果。

现在的中国画颜料一般装在锡管中，使用起来较为方便。

诗意山水画

公元1275年意大利著名旅行家马可·波罗（约1254—1324）跟随他的父亲和叔叔来到中国。他在中国游历了17年，访问了中国的许多古城，并在他的著作《马可·波罗游记》中以纪实的方式，记述了他在中国的见闻。

中国也有一位伟大的探险旅行家——徐霞客（1587—1641）。他从小立志遍游名山大川，并花费了30多年的时间走遍了大半个中国。同时，他以日记体的方式为世人留下了地理名著《徐霞客

◆ 徐霞客像

游记》，书中比较详细地记录了他所经地理环境，还细致地描绘了各地优美的山水风景。

徐霞客和马可·波罗虽然都写了有关中国的游记。但不同的地方在于马可·波罗关注社会风情，而徐霞客则着眼自然地貌，寄情山水。其实自古以来，中国人对山水就怀有崇高的敬意，认为山水为神灵之母，和人一样具有内在的生命力和精神世界。山水画最初是作为人物画的背景出现，后来才逐渐发展成为独立的画科。

中国古代文人喜欢寄情山水，用笔墨、色彩来描绘理想中的青山绿水，体现诗情画意。中国的山水画不同于西方的风景画，它不是自然景观的再现，而是以山水景观为题材，表现画家的主观情感和精神追求。

◆ 《雨景山水图》孙克弘（明）

画中有诗

  中国古代的画家认为一幅好画应该具有诗的意境。除此之外，许多文人画家还追求诗、书、画、印的完美结合，即诗文内容、书法和印章与画面的高度协调。因此在中国画作品中，常常会看到题诗和印章。

◆《清风高节图》夏杲（清）

方寸之间斗才情——扇面画

    中国是世界上最早使用扇子的国家，有"制扇王国"之称。在扇面上题诗作画，是中国古代文人的一大创举。由于尺幅有限，扇面画要求画家对线条、墨色和构图进行精心设计，以巧取胜。

    中国扇从形制上可分为团扇和折扇。团扇扇面多为圆形，最初由丝织品制成，随着造纸技术的进步，纸质的扇面开始出现。折扇扇面为上宽下窄的扇形，画家在下笔时，要认真考虑如何在这种特定的空间范围内安排画面，创造出富有魅力的形象和意境。

◆ 团扇扇面画《梅竹雀图 》（南宋）

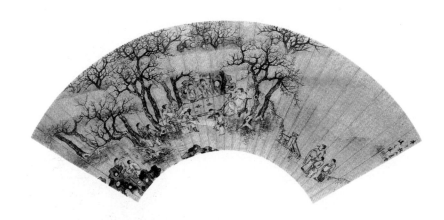

◆ 折扇扇面画《春夜宴桃李园图》盛茂烨（明）

◆ **中国扇**（图片提供：全景正片）

中国最大的扇面画

　　传统的中国扇形制较小，大多数折扇长不足50厘米，高不足20厘米。但随着现代制扇工艺的进步，扇子可以做到很大，自然也有了更大的扇面供画家创作。

　　2007年，在"广州岭南书画艺术节"开幕式上，一幅由数百名画家共绘的高5米、横幅9.5米，面积达35平方米的巨幅扇面画成为"中国最大的扇面画"，并获得了吉尼斯世界纪录证书。

传世名画《清明上河图》

　　《清明上河图》是北宋画家张择端所绘的反映北宋风俗的经典画作，现藏于故宫博物院。作品长528.7厘米、宽24.8厘米，以长卷的形式，采用散点透视的构图法，生动地描绘了北宋京城（今河南开封）汴河两岸兴旺繁荣的景象。在画卷中，画家描绘了各色人物五百五十多个，牛、马、骡、驴等牲畜五六十匹，车、轿二十多辆，大小船只二十多艘，此外还有很多建筑物和生产生活用品等。图中的人物惟妙惟肖，城郭、街市、舟桥、车马等刻画细致。画面构图严谨，规模宏大，笔墨古雅，具有重要的历史价值和艺术价值。它不仅是中国古代最杰出的现实主义画作，也是世界绘画史上的经典之作。

　　如今，《清明上河图》常常成为各界人士创作的题材，陆续有刺绣、木雕、牙雕等作品问世，还有同名歌曲以及动漫故事片，人们争相以不同的形式诠释这幅名画。2010年上海世界博览会中，中国馆展出了多媒体版的《清明上河图》，通过现代科技使图中的人物、物件都能移动，还增设了夜间画面，更加生动地再现了画中的社会生活场景。

◆　《清明上河图》［局部］张择端（宋）

中国画入门

中国画与西方绘画有很大的不同。西方绘画讲究比例、明暗、透视、解剖、色度等科学法则，以光学、几何学、解剖学、色彩学等为科学依据。而中国画注重的是传神、意境，人们只是掌握了参照物的特点，然后按照自己的意愿，灵活地画出来。

基础线条练习

线条是中国画的精髓，画家常常用线条将两种物体分隔开。而侧重写实的西方绘画则大都不在物体的边界上画线。19世纪末，西方画受到中国画线条的影响，产生了新的画派——"后印象画派"，代表画家是塞尚、凡·高、高更。在他们的大部分作品中也可以看到明显的线条。

中国画和书法一样以毛笔为绘画工具，人们手持毛笔，蘸上墨就可以进行线条的练习。基础的线条练习可以通过画横线、竖线、圆圈、方形、三角形等来进行。

中国画的常用笔法

　　毛笔的使用方法不同，可以画出不同感觉的线条。画中国画时常用的笔法有中锋、侧锋、逆锋、点垛和丝毛。

中锋：执笔时，笔尖与纸垂直，这样运笔时笔尖正好位于墨线中间，常用于画树木的枝干、鸟的腿部等。

侧锋：执笔时倾斜笔头，使笔尖在线条的一边运行，常用于画大片的叶子。

逆锋：从下往上或从右往左运笔，常用于画细长的叶子。

丝毛：将笔尖压成扁形，在纸上轻轻拖写而产生的丝状效果，常用于画老虎、猫的脸部。

点垛：将笔尖直接落于纸上，因下笔时的角度、轻重的不同可画出不同形态的点或面，常用于画花瓣、树叶、鸟的形体等。

巧用墨色

水墨画的主要颜料是墨，巧用墨色能产生不同的效果。常用的方法有破墨法和积墨法。

破墨法是指在前一种墨色未干时，在其上加后一种墨色，从而使墨色浓淡相互渗透，达到滋润鲜活的效果。一般有淡破浓、浓破淡、水破墨、色破墨和墨破色等技法。

积墨法是指在前一种墨色干透了之后，再在其上加后一种墨色，可添加多遍。

◆ 淡破浓

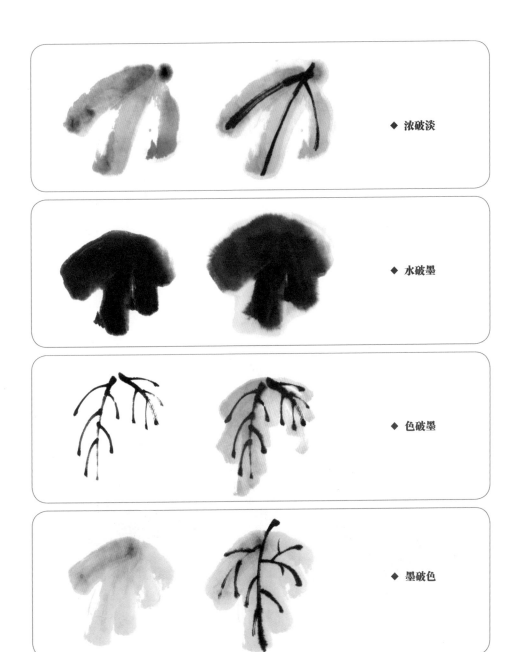

◆ 浓破淡

◆ 水破墨

◆ 色破墨

◆ 墨破色

一起来画中国国宝大熊猫

　　大熊猫是中国特有的珍贵动物，数量十分稀少，被誉为"中国国宝"。它身体的颜色黑白相间，很适合用水墨画来描绘。下面就让我们一起来画大熊猫吧。

1.用毛笔蘸淡墨，勾画熊猫的外轮廓。

2.用浓墨在头部点画熊猫的耳朵，在脸部点画熊猫的眼睛、鼻端；用淡墨勾画熊猫的嘴部。

3.用笔尖蘸浓墨、笔肚蘸淡墨，从熊猫嘴下位置起笔，从右向左拖，分别画出熊猫的四肢。

4.用浓墨在四肢的爪部分别画出五点，用来表示熊猫的爪子。

雕塑

什么是雕塑？

雕塑是一种造型艺术，分为雕刻和塑作两大类。"雕"是在玉石、竹木、牙角、金属等硬质材料上通过剔除多余部分形成造型的工艺；"塑"则是将泥、面、糖等可塑性较强的材料堆塑成造型的工艺。

石砖上的画

　　岩石是最早的绘画载体，早在四万年以前，人类祖先就在岩石上用不同的形式记录了他们的生产、生活内容。这些岩石上的彩画、线刻和浮雕都统称为"岩画"。至今被发现的岩画遍及世界五大洲的150多个国家和地区，主要集中分布于欧洲、非洲，以及亚洲的印度和中国地区。

　　岩画具有绘画和雕刻的双重特点。和纸上的画相比，石头上的画更易保存，经历了几万年的风吹雨打仍然可以十分完好。

铁笔丹青——墓室里的岩画

　　在中国古代的祠堂和墓室中，有许多带有画像的建筑构石和建筑砖。这些建筑构件被称为"画像石"和"画像砖"。和岩画一样，它们记录了当时人的生活场景。

◆ 画像石墓门

◆ 汉代画像石上的脚踏纺车图

画像石和画像砖是怎么做成的？

画像石上的画，是人们用刀直接雕刻出来的，造型和线条较为质朴。画像砖上的画，有些也是古人直接雕刻上去的，但大多数都是用模型印制的。人们把制砖用的泥坯放入事先刻有图案的模型中，然后烧制，这样制成的砖上便直接带有图案。

◆ 四川邸宅画像砖（东汉）

中国哪些地方有画像石、画像砖呢？

中国的画像石和画像砖分布区域较广，以山东、河南、四川三个地区的最为发达。山东有渔盐之利，河南是交通的中枢，四川有盐铁和便利的水运，三者都是富庶之地，达官贵人、富豪巨商云集。这些贵族、富商为了使自己死后仍能过奢华的生活，便大力修建墓室，墓室力求华美、精致，因而画像石和画像砖在这三个地区最为发达。这些画像石和画像砖是中国宝贵的艺术遗产，并对后来的建筑装饰产生了深远的影响。

刻在石砖上的世界

　　画像石、画像砖上的图像虽然没有用颜料粉饰得五彩缤纷，但题材却丰富多彩，生动地刻画出了当时现实中的世界和人们的精神世界。

　　画像石、画像砖的现实题材大多与当时的社会习俗和生活场景有关，常见的有农耕、收获、渔猎、采桑、纺织、酿酒、舂米等。还有很多表现墓主人身份、经历的图像，如车马出行、楼阁宫阙、庖厨宴饮、乐舞百戏、讲经授学等。

　　画像石、画像砖中表现人们精神世界的题材主要是神话传说、祥瑞物象等，如伏羲、女娲、东王公、西王母、羽人乘龙、供养飞天等，另外还有四方神灵、日月星辰等图案纹样。

◆ **伏羲女娲画像砖（东汉）**

◆ **四川舂米画像砖（东汉）**

龙门石窟

在九朝古都洛阳，有举世闻名的龙门石窟。龙门石窟是中国石刻艺术宝库之一，开凿于公元494年，后历经400余年的大规模营造。现存石窟1352个，龛785个，造像9.7万余尊，题记3680种。

什么是石窟？

石窟是起源于印度的一种佛教建筑形式，多开凿于偏僻的山岭等地，宏伟壮观的建筑，神圣高雅的造像，五彩缤纷的壁画，是构成石窟艺术的基本元素。中国的石窟开凿约始于公元4世纪中期，北魏至隋唐最为兴盛，唐以后逐渐减少。石窟艺术主要是用来表现佛像和佛教故事，故而与佛教的关系十分密切。北魏到隋唐时期的皇帝大都崇奉佛教，对石窟的开凿十分支持，而佛教宣扬的来世观念也给当时深受战争苦难的百姓也带来了安慰，故而佛教石窟的开凿进入高潮。这时期出现的石窟有山西的大同云冈石窟、河南的洛阳龙门石窟、重庆的大足石刻、新疆的克孜尔千佛洞、河北的响堂山石窟，还有甘肃的敦煌莫高窟和麦积山石窟等。这一座座石窟，不仅体现了当时人们的精神信仰、价值观念，更显现出了中国古代工匠的智慧。新中国建立后，这些石窟陆续被列入全国重点文物保护单位，人们对这些石窟进行了修缮，同时采用先进的科学技术，对它们进行防崩塌、防风化、防水、防盗等保护。这些千年的文化瑰宝，以完美的形象展现在了中外游客的面前。

◆ 龙门石窟

四大石窟

云冈石窟

2001年12月，云冈石窟列入《世界文化遗产名录》。世界遗产委员会评价其"代表了公元5世纪至6世纪时中国杰出的佛教石窟艺术。其中的昙曜五窟，布局设计严谨统一，是中国佛教艺术第一个巅峰时期的经典杰作"。云冈石窟中最有名的便是昙曜五窟，它是指第16—20窟，是云冈石窟中开凿的时间最早的五个石窟。

◆ 云冈石窟第20窟造像

小 资 料

龙门石窟

2000年11月，龙门石窟列入《世界文化遗产名录》。世界遗产委员会评价其"展现了中国北魏晚期至唐代期间最具规模和最为优秀的造型艺术……代表了中国石刻艺术的最高峰"。龙门石窟是北魏、唐朝皇家造像最多的地方，两代造像的艺术风格截然不同。北魏造像清秀飘逸，脸部瘦长，而唐代佛像气势宏大，脸部浑圆，反映出了两代不同的审美风尚。

◆ 龙门石窟卢舍那大佛

莫高窟

莫高窟集多彩的建筑、石刻、壁画、彩塑艺术于一体，是世界上规模最庞大、内容最丰富、历史最悠久的佛教艺术宝库，1987年列入《世界文化遗产名录》。世界遗产委员会评价其"不仅是东西方贸易的中转站，同时也是宗教、文化和知识的交汇处……以其雕像和壁画闻名于世，展示了延续千年的佛教艺术"。1900年在莫高窟偶然发现的 藏经洞中藏有从公元4世纪至14世纪的历代文物五六万件，这是20世纪初中国考古历史上的一次重大发现，震惊了世界。

◆ **莫高窟**（图片提供：全景正片）

小 资 料

麦积山石窟

　　麦积山石窟开凿于一百五十余米高的麦积山上，龛窟大都位于二三十米甚至七八十米高的悬崖峭壁上，其惊险陡峭居中国现存石窟之首。麦积山石质不宜雕刻，故造像多为泥塑，这些泥塑的人物充满生活气息，精美绝伦，麦积山石窟因此被誉为"东方雕塑馆"。麦积山周围风景秀丽，在山顶处远望，云雾阵阵，构成著名的"麦积烟雨"之景。

◆ 麦积山石窟

世上最美的佛像——卢舍那大佛

凡是到过龙门石窟的人，都会为卢舍那大佛的美所震撼。这座佛像位于龙门石窟最宏伟的大佛群——奉先寺中。奉先寺依山而建，为半露天式，寺内供有卢舍那佛、佛弟子、菩萨、天王、力士等11尊巨型雕像。

卢舍那大佛开凿于唐代贞观二十三年（650），历时25年才完工。据说这座高高的卢舍那大佛是按照中国历史上的唯一一位女皇帝武则天的形象塑造的，佛像体态饱满，面容丰腴，身着披肩上衣，全身覆盖着舒缓的衣褶，衣褶如流水般飘逸。佛身壮实厚重，端坐在八角莲座上。佛像修眉长目，嘴角微微翘起，脸上浮现着似有若无的微笑，表现出无限的慈爱与超凡的智慧。

◆ 卢舍那大佛

"龙门二十品"

龙门石窟中除了有引人注目的佛像外，还有不得不说的"龙门二十品"——北魏时期的二十种造像题记。题记的内容多是表达造像者祈福消灾的愿望。

"龙门二十品"是魏碑书法中的精品，书法字体上承汉隶、下开唐楷，兼有隶、楷两体之神韵。其中"十九品"在古阳洞，它们整齐地分布在古阳洞两壁及洞顶之上，只有"一品"在老龙洞外的第660窟（慈香窟）。

◆ 《魏灵藏薛法绍造像记》，"龙门二十品"之一

◆ 龙门石窟古阳洞（图片提供：全景正片）

药方宝库——药方洞

在龙门石窟中有一个洞窟，它最吸引人的不是其中精美的石窟造像，而是刻于洞口石壁上的密密麻麻的文字。这些文字是中国现存最早的石刻药方，总共有药方一百四十多个，可治疗疟疾、糖尿病等百余种疾病。这些药方是研究中国古代医药学的重要材料，这个洞窟也因这些药方而被命名为"药方洞"。

◆ **龙门石窟药方洞**（图片提供：全景正片）

人民英雄纪念碑浮雕

在北京天安门广场的中心，矗立着庄严宏伟的人民英雄纪念碑。这座纪念碑是中华人民共和国政府为了纪念1840—1949年间为中国革命牺牲的人民英雄而建立的，它是中国历史上最大的一座纪念碑。

人民英雄永垂不朽

人民英雄纪念碑高37.94米，占地3000平方米，由碑身、须弥座和台基三部分组成。整座纪念碑上最引人注目的是碑身正面由毛泽东主席题写的"人民英雄永垂不朽"八个大字。

小资料

人民英雄永垂不朽——瞻仰首都人民英雄纪念碑（节选）

作者：周定舫

我踏上花岗石铺成的台阶，到了第二层平台。碑身四周围绕着双层汉白玉栏杆，栏杆的形状和天安门前玉带桥的汉白玉栏杆一样，美观

小 资 料

朴素，洁白耀眼，使挺拔的碑身显得更加庄严、雄伟。碑的正面朝北，在一块60吨重、14.7米高的碑心石上，有毛主席题的"人民英雄永垂不朽"八个镏金大字，闪闪发光。这八个字是碑的主题。在碑身背面，一行行镏金字整齐地排列着，这是毛主席亲自起草、周总理亲笔书写的碑文。碑文是：

三年以来，在人民解放战争和人民革命中牺牲的人民英雄们永垂不朽！

三十年以来，在人民解放战争和人民革命中牺牲的人民英雄们永垂不朽！

由此上溯到一千八百四十年，从那时起，为了反对内外敌人、争取民族独立和人民自由幸福，在历次斗争中牺牲的人民英雄们永垂不朽！

◆ 人民英雄纪念碑

浮雕背后的历史

在人民英雄纪念碑须弥座的四面镶嵌着十幅浮雕。其中有八幅巨大的汉白玉浮雕，分别以中国近现代历史事件"虎门销烟"、"金田起义"、"武昌起义"、"五四运动"、"五卅运动"、"南昌起义"、"抗日游击战争"、"胜利渡长江"为主题。此外还有两幅以"支援前线"、"欢迎中国人民解放军"为题的装饰性浮雕。这些浮雕生动地表现了中国近百年来惊天动地的革命战争，特别是在中国共产党领导下的28年反帝反封建的伟大革命斗争史实。正是因为这些爱国志士不屈不挠的抗争，中国才真正得以解放，中国人才真正站了起来。这些浮雕表现了中国人对革命先烈的敬仰和缅怀，中国人会继承他们的精神，继往开来，为实现中华民族的伟大复兴而奋斗！

◆ **浮雕《虎门销烟》**
1839年6月，钦差大臣林则徐在广东虎门集中销毁鸦片。虎门销烟增加了中国民众对鸦片危害性的认识，唤醒了人们的爱国意识。

◆ **浮雕《金田起义》**
1851年，太平天国领袖洪秀全、杨秀清等在广西桂平金田村誓师起义，建号太平天国。金田起义动摇了清朝封建统治的基础，加速了它的灭亡。

◆ 浮雕《武昌起义》

　　1911年，在湖北武昌发动了一场旨在推翻清朝统治的兵变。起义的成功发动使得中国各地相继响应推翻清政府的斗争，迅速使清朝走向灭亡，并建立了中华民国。

◆ 浮雕《五四运动》

　　1919年5月4日，在北京发生了一场以青年学生为主的学生运动。这场运动的起因是抗议第一次世界大战后举行的巴黎和会中与会的帝国主义国家将德国在山东的权益转让日本的决定。为了纪念这场运动，5月4日也被定为中国的"五四青年节"。

◆ **浮雕《五卅运动》**

　　1925年5月30日，中国共产党人领导了一场以工人阶级为主力军的中国人民反帝爱国革命运动。这一运动得到了国际革命组织、海外华侨和各国人民的广泛支持，也揭开了1925—1927年中国大革命的序幕。

◆ **浮雕《南昌起义》**

　　1927年8月1日，中国共产党人发动了南昌起义，打响了武装反抗国民党反动派的第一枪。8月1日因此成为中国人民解放军建军纪念日。

◆ 浮雕《抗日游击战争》

　　1937—1945年，日本全面入侵中国，引发"八年抗战"。这场战争是中国全民参战的一场反帝国主义侵略战争，它是中国历史上规模最大的反侵略战争。

◆ 浮雕《胜利渡长江》

　　1949年4月20日，国民党政府拒绝在国共双方和谈代表团拟定的《国内和平协定》上签字。次日，毛泽东和朱德发布《向全国进军的命令》，自此发起渡江战役。6月，渡江战役结束，不久基本实现了解放全中国的目标。

戏曲

戏曲是中国特有的民族艺术，是由文学、音乐、舞蹈、美术、武术、杂技等综合而成的表演艺术，以音乐和舞蹈为主要表现手段。中国戏曲剧种繁多，共有340种左右，传统剧目数以万计，在世界戏剧史上独树一帜。

五颜六色的脸谱、戏服

　　作为一种舞台文化，戏曲的表现离不开演员的装扮。中国戏曲有不同于其他国家任何化妆造型艺术的脸谱和戏服，它们是中国戏曲的标志物。一看到五颜六色的脸谱和色彩缤纷的戏服，人们就能想到中国的戏曲。

京剧脸谱

　　脸谱是传统戏剧中演员面部化妆的一种程式，是用不同色彩的颜料在脸上勾绘出的象征性的图案。它源于生活，但是又经过了艺术的夸张与变形。在中国戏曲中，不同角色的脸谱在构图、色彩上有一定的形式。脸谱多达几百种，内行的观众可以通过脸谱的特征分辨出角色是好人还是坏人，是聪明还是愚蠢，是讨人喜欢还是令人厌恶。

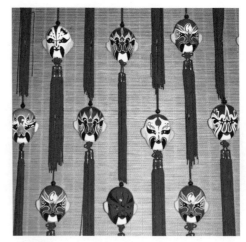

◆ 脸谱

川剧变脸

在中国川剧艺术中，最有名的技巧是变脸。最早的变脸是演员进入后台改扮，后来演变为当场变脸。舞台上的演员用袖子遮住脸，一甩头，瞬间就能变成另外一张脸谱。变脸界最年轻的也是变脸最快的"变脸王"何洪庆甚至能在短短的一秒半时间内变三张脸，而且毫无破绽，令人惊叹。变脸这一绝活已经于2005年被列为中国非物质文化遗产。

◆ 川剧变脸

小 资 料

变脸与魔术

变脸和魔术一样，是用敏捷、不易被察觉的手法和装置将变化的真相掩盖，让观众感到神奇的表演艺术。不同的是，魔术仅仅是魔术，而变脸是有情节的，脸谱的变化反映了角色内心思想的变化。

◆ **川剧吐火变脸**（图片提供：全景正片）
变脸加上吐火的表演形式，增加了变脸艺人的表演难度，更加令观众称奇。

● 变脸是怎么变的？

变脸的手法大体有三种：抹脸、吹脸和扯脸。

抹脸是将化妆油彩涂在脸上的某一特定部位，到时用手一抹，便可变成另外一种脸色。

吹脸是将粉末状的化妆品盛放在盒子里然后将盒子放在地上，演员到时做一个伏地的舞蹈动作，趁机将脸贴近盒子一吹，粉末扑在脸上，立即使脸变成了另外一种颜色。

扯脸比较复杂，但却是最能赢得喝彩的变脸方式。它是事先将脸谱画在一张一张的绸子上，在每张脸谱上都系上丝线，再一张一张地贴在脸上。丝线则系在衣服的某一个顺手而又不引人注目的地方。随着剧情的进展，在舞蹈动作的掩护下，将脸谱一张一张迅速扯下来。

小 资 料

中国五大戏曲剧种

京剧

京剧是国剧，是中国的国粹。它形成于19世纪中期的北京，是具有世界级影响力的剧种。

越剧

越剧诞生于20世纪初，主要流行于上海、浙江、江苏、福建等地区。

黄梅戏

黄梅戏是安徽省的主要戏曲剧种，形成于18世纪后期，如今已发展成具有全国影响力的剧种，并且扬名海外。

评剧

评剧形成于20世纪初，发源于河北唐山，后流行于北京、天津和华北、东北各省。

豫剧

豫剧是河南省的主要戏曲剧种，主要流行于黄河、淮河流域，是中国最大的地方剧种。

人靠衣装

在中国戏曲界，有"宁穿破，不穿错"的规矩。和脸谱一样，每套戏服都是根据角色的性格设计的，戏服的使用是有规定的。

戏服对戏曲的角色塑造和舞台效果都起到重要的作用。专业的戏曲演员只要戏服一上身，很自然就会融入角色，说话、动作都会跟随角色的感觉走。

戏曲服装与歌剧、音乐剧、电视剧、电影中的服装都不同，更远离现实，具有很强的形式感。比如乞丐的服装，一般都破衣烂衫，但是在戏曲中却穿着体面，俗称"富贵衣"。

◆ 传统京剧的行头

◆ 《同光十三绝》沈蓉圃（清）

　　《同光十三绝》是沈蓉圃绘制的同治、光绪时期的十三位昆曲、京剧著名演员的剧装画像，被称为"同光十三绝"。这幅画是研究当时演员的扮相、服饰以及前辈艺术家的风采的极为珍贵的资料。

反串的魅力

　　反串，通常是指男扮女或女扮男的扮装表演。在中国传统戏曲中，人物角色一般分为生、旦、净、丑四个行当，其中旦为女性角色，其他三个行当均为男性角色。但是，我们常常能看到戏曲表演者的性别与行当的性别不一致的现象，如著名京剧表演艺术家梅兰芳就是一个旦行演员。但这并不属于反串，而是他所从事的是男旦这个行当。反而是他曾扮演过生角吕布时属于反串，即旦串生。

◆ 梅兰芳像

　　梅兰芳（1894—1961），京剧大师。他创造了具有独特风格的表演艺术流派——梅派。

近年来，将反串运用到歌曲、舞蹈中的表演者比比皆是，其中最成功的要属中国歌剧舞剧院国家一级演员李玉刚。从1998年到2006年间，他花了8年的时间学习男扮女装。2012年他以一曲精美绝伦的《新贵妃醉酒》登上了中央电视台春节联欢晚会的舞台，成为家喻户晓的表演艺术家。

◆ 《贵妃醉酒》剧照（梅兰芳饰杨贵妃）

汤显祖和莎士比亚

　　汤显祖（1550—1616）和莎士比亚（1556—1616）是生活在同一时代、不同国家的两位戏剧大师。他们的作品分别代表着东西方戏剧的顶峰之作，因此他们的名字经常被摆在一起。

《牡丹亭》和《罗密欧与朱丽叶》

　　汤显祖的代表作《牡丹亭》（1598）和莎士比亚的名剧《罗密欧与朱丽叶》（1595）都是产生于16世纪九十年代的爱情剧，反映了当时不同国家的社会现实。

　　罗密欧和朱丽叶在舞会上一见钟情后，疯狂地陷入热恋。为了追求自由的爱情，他们不顾家族的世仇，最后双双殉情，用生命证明了爱情的崇高和美丽。与罗密欧和朱丽叶相比，《牡丹亭》的主人

◆ **汤显祖像**

公杜丽娘和柳梦梅之间的爱就显得含蓄和保守，他们通过梦境传达爱情。故事以杜丽娘游园后做梦与柳梦梅相爱后郁郁寡欢而死为开端，描写了两人生死离合，最后喜得团圆的爱情故事。

在爱情这个主题上，中西方都同样渴望"有情人终成眷属"，但是能够流传下来的往往都是经历磨难、得来不易的爱情。在中国古代文学作品中，爱情的阻力往往源于封建制度和观念，如《西厢记》中的张生和崔莺莺，张生因贫困不能与崔莺莺门当户对而受到崔母

◆ 油画《游园惊梦》刘文进绘

的百般阻挠，这种门户之见是封建社会普遍存在的。西方爱情的阻力则常常源于具体的事实，罗密欧与朱丽叶就是由于家族之间的仇恨这一原因而受到阻碍。

当代昆曲盛宴——青春版《牡丹亭》

《牡丹亭》自诞生以来，曾以不同的艺术形式呈现在大家面前，其中最常见的是昆曲，《牡丹亭》几乎是昆曲的代名词。但是400多年间，昆曲由盛转衰，《牡丹亭》的演出也随着昆曲的衰落而难得一见。2004年4月，中国文化名人白先勇领衔各地文化精英共同打造的昆曲青春版《牡丹亭》开始世界巡演之旅，再一次将昆曲和《牡丹亭》隆重地献给观众。

昆曲青春版《牡丹亭》在原著的基础上进行了整理，紧紧围绕爱情这个主题，完整保留了《惊梦》等经典折目。青春版《牡丹亭》被誉为"古老剧种的青春传承"，具体表现在青春靓丽的演员和迷人的音乐上。2006年9月该剧在美国加州大学连演12场，引起了极大的轰动，再一次向西方世界展现了中国传统文化的深厚底蕴和中华民族先辈们非凡的艺术创造力。

小 资 料

昆曲

昆曲起源于14、15世纪的昆山地区，是一种糅合了歌舞、念白等多种表演手段的综合艺术。昆曲的念白带有苏州话吴侬软语的特点。2001年，昆曲被联合国教科文组织列为"人类口述和非物质遗产代表作"。

◆ 唱昆曲的演员

相声是中国的民间语言艺术，起源于民间说唱曲艺，明朝便已盛行。相声艺术简单易懂、幽默风趣，为各年龄层的观众所喜爱，是目前中国流行较广、受关注较多的民间艺术形式之一。

幽默讽刺的艺术

相声表演通过幽默诙谐的艺术语言来反映生活，多用于讽刺，一般由两位演员相互挖苦来引得观众发笑。相声最初以模拟口技和模仿别人的言行为主，后逐渐发展为一人表演的单口相声，类似于美国流行的"脱口秀"。在单口相声的基础上，又衍生出了两人表演的对口相声、三人表演的群口相声，以及多人表演的化妆相声等。其中，对口相声是观众最喜闻乐见的相声形式。

◆ 对口相声

相声表演者有四大基本功——说、学、逗、唱。说是经过艺术加工之后的"说"，指叙说笑话、打灯谜或绕口令等，要求吐字清晰，语言流畅，字正腔圆，顿挫迟疾，总之，要富有美感；学指模仿各种人物、方言和其他声音，以及学唱戏曲的名家名段、现代歌曲和舞蹈等；逗指制造笑料，是相声的灵魂；唱指的是相声演员的本门唱功，演唱"太平歌词"（用两片竹板伴唱的一种北京民间小曲）。

相声和脱口秀有什么不同？

相声和脱口秀都是语言的艺术。在美国脱口秀中，通常是一位喜剧演员在表演，演员站在舞台上与台下的观众交流，常以讲故事的方式使得观众开怀大笑；相声中以两人一逗一捧的对口相声最为流行，以聊天、话家常的方式制造笑点，偶尔也有与观众的沟通，但相对较少。

◆ **手拿道具说相声** （图片提供：CFP）
相声艺人左手拿的是御子，它是演唱太平歌词时伴奏的乐器；右手拿的是折扇，在表演过程中可以虚拟为刀、枪、棍、棒等物品。

绕口令

dà tù zi　 dà dù zi
大兔子，大肚子，

dà dù zi de dà tù zi
大肚子的大兔子，

yào yǎo dà tù zi de dà dù zi
要咬大兔子的大肚子。

小剧场里的振兴

相声以其通俗易懂的平民化路线深受广大群众的喜爱，但是到了20世纪八九十年代，相声艺术受到影视文化的冲击，走入低谷，只在一些小剧场和茶馆里偶有演出。直到2005年，相声演员郭德纲突然走红，相声再一次成为人们津津乐道的话题。

郭德纲的成功不是偶然的。他自幼酷爱民间艺术，先后拜评书前辈高庆海、相声名家常宝丰、相声大师侯耀文为师，又学习了京剧、评剧、河北梆子等剧种。丰富的学习经历为他的相声表演奠定了扎实的基础，并逐渐形成了他独特的表演风格。郭德纲所创建的曲艺演出团体"德云社"至今仍保留着传统的小剧场演出形式，场场爆满，让相声艺术回归剧场得以振兴。

音乐舞蹈

音乐和舞蹈都是人类表达自己意思和感情的方式。音乐和舞蹈相辅相成，成为人们生活、休闲不可缺少的元素。中国不仅拥有世界上最古老的乐器、传唱至今的古典名曲，还拥有令世界瞩目的舞蹈艺术。

中国最古老的乐器

　　中国的民族乐器历史悠久，在约8700年前的贾湖新石器时代遗址中，出土了一批用猛禽的腿骨制成的骨笛。它们是中国目前发现的最早、最完整的乐器，比古希腊出土的竹笛早了1000多年。

◆ 贾湖骨笛（新石器时代）

古音悠扬

　　中国民族乐器按照演奏方式的不同，可以分为吹、弹、打、拉四大类，即吹奏乐器、弹拨乐器、打击乐器和拉弦乐器。吹奏乐器有埙、笛、箫、笙、唢呐等，弹拨乐器有古琴、古筝、琵琶、扬琴等，打击乐器主要有钟、鼓、锣、磬等，拉弦乐器主要有二胡、板胡、京胡等。这些以不同方式演奏的乐器至今仍是中国音乐的主角，那悠扬的古音一直萦绕在每个中国人的心中。

◆ 吹奏乐器——唢呐

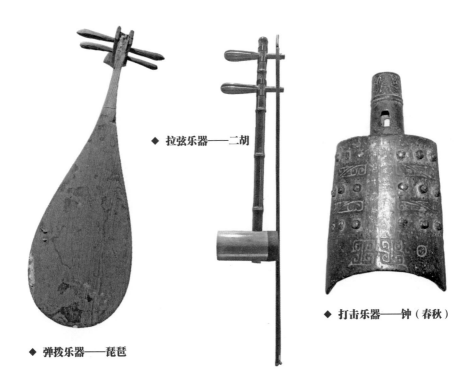

◆ 拉弦乐器——二胡

◆ 打击乐器——钟（春秋）

◆ 弹拨乐器——琵琶

小 资 料

中西乐器大不同

　　中国乐器的制作以木、竹、皮、石等天然材料为主，只有少数打击乐器用到金属材料。天然材料的使用使得乐器具有多样性和独特性，无法制定统一的标准。而西方乐器则以金属和各种标准化的硬木等人工材料为主，如管、号、笛等都是金属质地，而大提琴、小提琴、吉他等非金属、非硬木类乐器也在用料、大小、厚薄、造型上有统一的规定。

中国乐器的音色注重个性，每一种乐器的音色都各有特色而且有很大的差异，很难完美地融合成一个和谐的整体，所以中国乐器以独奏为主。西方乐器的音色注重共性，每一种乐器具有独特的区别于其他乐器的音色，却又能与其他音色相融合，所以钢琴、风琴、大提琴、小提琴、长号、圆号、小号、长笛、短笛等多种乐器都能融合地交织在一起，形成一个完整、融洽的整体，这也正是我们经常看到西方交响乐团大合奏的原因。

◆ 《吹箫图》唐寅（明）

身兼多职的古代乐器

在古代中国，乐器除了是一种演奏工具外，还扮演着其他角色。这些乐器最初大都是生活或者生产工具。如磬，最初是用石头或金属制成的劳动工具；缶，是一种喝酒时候用来盛装酒的器皿。后来，人们逐渐发现这些日常用具可以发出好听的声音，就渐渐地把它们当做乐器使用了。

古代战场，常常通过"击鼓出征，鸣金收兵"来传递信息，即敲鼓是士兵出征的信息，敲锣（铜制乐器，颜色似金）是收兵的信息。此外，乐器还有其他用途，如报时、示警等。中国一些少数民族还保留着以吹奏口弦来传递爱情信息的传统，口弦同时也是一种爱情信物。

◆ **北京钟楼**
钟楼的作用是通过鸣钟为人们报时。

中国少数民族乐器

　　少数民族乐器是中国乐器家族中不可缺少的成员。大部分少数民族都拥有不止一种民族乐器，这里介绍几种常见的少数民族乐器。

　　葫芦丝：云南少数民族乐器，主要流传于傣族、彝族、阿昌族、德昂族等民族中。其结构由一个葫芦和两根或三根竹管组成，葫芦上端为吹嘴，竹管上有音孔。

　　马头琴：蒙古族乐器，其结构由木制的梯形琴身、顶端雕刻有马头的琴柄和两条马尾弦组成。

　　冬不拉：哈萨克族乐器，琴杆细长，音箱有瓢形和扁平形两种。

　　伽倻琴：朝鲜族乐器，形制似古筝。

　　羊皮鼓：羌族乐器，鼓面有圆形和扇形两种形状。

◆ 葫芦丝

◆ 冬不拉

"乐器之王"——曾侯乙编钟

1978年，在中国湖北省的一座战国墓——曾侯乙墓中出土了一套青铜编钟。这套编钟由64件钟和一件镈组成，是中国目前发现数量最多、保存最好、音律最全、气势最宏伟的一套编钟。

曾侯乙墓编钟的出土，使世界考古学界为之震惊，如此精美的乐器，如此恢弘的乐队，在世界文化史上是极为罕见的。曾侯乙编钟音域跨越5个八度，只比现代钢琴少一个八度，中心音域的12个半音齐全，这充分显示了中国古代音律科学的发达程度，同时它也是青铜铸造工艺史上的巨大成就，显示了中国古代人民的高度智慧。这套编钟深埋地下二千四百余年，至今仍能演奏乐曲，音律准确，音色优美。

曾侯乙编钟还拉近了中国与世界的距离。1992年，它在日本展出，用它演奏的中日名曲令观众陶醉不已。1995年4月，湖北省博物馆举办的"中国周代艺术品展"在卢森堡举行，曾侯乙编钟进行现场演奏，引起卢森堡、德国、英国、法国等国十多家媒体的争相报道。神奇的编钟演奏使欧洲观众对中国的音乐文化越来越感兴趣。至今曾侯乙编钟已到过二十多个国家和地区，有一百五十多个国家和地区的外宾在中国聆听了编钟演奏，许多外国领导人还亲自演奏过。它俨然成为中国文化的使者。

◆ **曾侯乙编钟**（图片提供：全景正片）

中国好声音

　　中国的古典音乐和中国画一样，讲究意境。古琴、古筝、箫等中国乐器都音淡声稀，透过感官直达心底，在心灵深处回旋激荡，余味不穷。当代中国音乐在学习西方的同时，又带有鲜明的民族特点。

声音的故事

　　音乐在中国古代人的生活中占据了很重要的位置，它位列儒家"六艺"之一，是古代文人必须学习的科目。古人用乐曲表达了自己的喜怒哀乐，表达人们美好的愿望，表达对历史的缅怀……乐曲与人们日常的生活息息相关。中国古代流传下来许多古典名曲，至今为世人传唱，同时也流传下来许多与音乐有关的故事，这些故事大大丰富了中国音乐文化的内涵。

◆ **古琴（宋）**

高山流水觅知音

　　相传，中国古代有一位名叫俞伯牙的琴师，一次他在山林中弹琴，樵夫钟子期领会到乐曲中表现的是巍峨的高山和潺潺的流水，俞伯牙十分吃惊，他也因此认定钟子期是他的知音。后来俞伯牙再次拜访钟子期，却发现钟子期已经去世死，他十分痛苦，摔烂了自己心爱的琴，并发誓终生不再弹琴。"高山流水"因此成为知音的代名词。《高山流水》原是一首曲子，在唐代时被分为《高山》和《流水》两首独立的曲子。其中《流水》一曲曾被录入美国探测器的金唱片，于1977年8月22日随美国"旅行者"号宇宙飞船发射升空，在茫茫宇宙中寻觅天外"知音"。

◆ 《伯牙鼓琴图》 王振鹏（元）

中国十大古典音乐名曲	
《高山流水》	《广陵散》
《平沙落雁》	《梅花三弄》
《十面埋伏》	《夕阳箫鼓》
《渔樵问答》	《胡笳十八拍》
《汉宫秋月》	《阳春白雪》

亡国之音

　　中国古人认为，听一个地方流行的乐曲便知道这个地方的政治、经济如何。如果一个地方的音乐十分淫靡，那这个国家也就快要灭亡了。著名的亡国之音便是《玉树后庭花》。据说南北朝时期陈国皇帝陈叔宝（553—604）不问政事，整日饮酒作乐，他还喜欢写一些淫词艳曲让人吟唱，《玉树后庭花》便是他十分喜欢的一首。陈国后来被灭，这首乐曲也成为典型的"亡国之音"。

◆ 《听琴图》赵佶（宋）

歌声飘过30年

2008年，中国中央电视台为庆祝改革开放30年推出了《歌声飘过30年——百首金曲演唱会》。该节目以现场专题演唱会为主，归纳和梳理改革开放30年来中国原创歌坛的经典歌曲，并通过这些歌曲反映了改革开放30年来中国的巨大变化，展现了30年来中国各条战线上取得的辉煌成就。

新中国成立初期出现的乐曲多为政治服务，整体题材单一。改革开放后中国乐曲得到了蓬勃的发展，出现了许多脍炙人口的歌曲。上世纪七十年代末到八十年代初，抒情歌曲出现了复兴，人们创作出了《祝酒歌》等一大批表达真情实感的歌曲。九十年代，中国内地的流行歌坛逐渐崛起，在模仿中国港台地区流行音乐的同时，中国民族唱法也十分盛行，出现了《黄土高坡》等歌曲；同时流行的还有校园民谣，《同桌的你》等传唱至今。如今，中国的音乐蓬勃发展，出现了许多带有中国传统元素的歌曲，如《青花瓷》等，把中西方音乐文化很好地融合在了一起。

与此同时还涌现了一大批蜚声海内外的歌唱家，如宋祖英曾在维也纳金色大厅、悉尼歌剧院演出，美国哥伦比亚特区还设立了"宋祖英日"。中国逐步构建了服务于世界和平发展的弘扬传统、融汇中西、囊括亚非拉的新中国音乐体系，中国音乐一步步走向世界。

◆ **民族声乐歌唱家宋祖英在演唱**（图片提供：CFP）

杨丽萍与孔雀舞

在中国云南省傣族聚居区，流传着一种模仿孔雀姿态的舞蹈——孔雀舞。傣族人将孔雀视为吉祥的动物，以跳孔雀舞的方式表示自己美好的心愿。跳舞者的舞姿多模仿孔雀的形象，动作轻盈优美。著名舞蹈艺术家杨丽萍（1958— ）就以跳这种舞蹈而闻名。多年来，她以舞蹈艺术家的身份出访了许多国家，并在各国举办了专场舞蹈晚会，让世界看到了中国舞蹈的魅力。

从《雀之灵》到《雀之恋》

1986年，杨丽萍创作并表演了独舞《雀之灵》，一举成名。身着洁白长裙的她，远远望去仿佛是一只不食人间烟火的高贵优雅的孔雀。她独创的手臂酥软无骨般的颤动，在纤细、柔美中迸发出生命的激情。她也因此被称为"舞蹈诗人"。26年后，在2012年中国中央电视台举办的春节联欢晚会上，她的双人舞《雀之恋》又一次让世人称叹，她与舞伴饰演了一对恩爱缠绵的蓝孔雀。这次的表演还增加了先进技术，舞台视频以虚幻的森林为主背景，深蓝色为主色调，地面台型变化复杂，最后五秒配合了大屏的孔雀开屏动画，带给人唯美的艺术感受。

◆ **杨丽萍、王迪表演舞蹈《雀之恋》** （图片提供：CFP）

　　杨丽萍认为大自然是最美丽、最真实、最深刻的，因而她的舞蹈大多源于自然和真实的生活。她善于运用静态的表现形式去构架的艺术的意境，任何观看她舞蹈的人都会情不自禁地为她所表现出来的美而动容。

《云南映象》

　　《云南映象》是由杨丽萍主创的大型原生态歌舞集，分为五个场次，时长将近两个小时。它生动展现了云南地区缤纷绚烂的文化。参与《云南映象》的演员，有百分之七十是杨丽萍从云南各地找来的能歌善舞的村民。他们的歌舞原始、热情，带着与生俱来的冲动和狂欢，因而极具感染力。2003年8月推出后，它的原汁原味赢得了各界人士的高度评价。

　　2005年底，《云南映象》被推向国外，该剧在美国大获赞誉，《华盛顿邮报》以《超越"大河之舞"》为标题报道了《云南映象》在美国表演的盛况，《纽约时报》评价杨丽萍"轻盈自如的宛若大自然的精灵一样"。2006年至2007年，《云南映象》在欧洲进行了巡演，中国的民族舞蹈走向了世界。

◆ **杨丽萍《云南映象》** (图片提供：CFP)

小 资 料

丰富多彩的少数民族舞蹈

　　中国少数民族中有不少民族以能歌善舞著称，不同民族的舞蹈样式和风格都有所不同。如蒙古族舞蹈动作力度大，节奏铿锵，轻快敏捷，表现出蒙古族人民豪迈、英勇的性格；傣族舞蹈体态轻盈，臂膀舒展，反映了傣族人民独有的抒情风采；朝鲜族舞蹈以模仿鹤的步态为主，动起来松弛自如，潇洒流畅，静下来婀娜多姿，仪态万方。

◆ 白族民间舞蹈霸王鞭

影视与话剧

　　中国的影视和话剧在近百年的发展中，既保留了中国特色，又学习了国外的先进技术。它们融入了众多的中国元素，如剪纸、皮影、京剧、水墨画等，形成自己独特鲜明的风格。同时也大力学习先进的制作技术，创造了许多被国外人称为"奇迹"的作品，让世界领略到了魅力独特的东方文化，看到了中国人的聪明才智。

第一部电影《定军山》

◆ 北京国际电影节logo

　　中国的第一部电影诞生于1905年，比卢米埃尔兄弟在巴黎放映《工厂的大门》等短片仅晚了10年的时间。这部影片是由北京丰泰照相馆的创办人任庆泰拍摄、京剧表演艺术家谭鑫培主演的《定军山》片断。当电影在前门大观楼放映时，吸引了众多市民驻足观看。中国电影的发展之路自此开始，在此后的100多年里，中国电影人不断尝试、不断挑战，在保留本土特色的同时向着国际化的路线前行。

两大影视城

　　位于美国加利福尼亚州洛杉矶的好莱坞是全球最著名的影视娱乐基地。中国地大物博，专供影视创作的地区很多，其中的横店影视城和镇北堡西部影视城都有"东方好莱坞"之称。

　　横店影视城位于具有"江南第一镇"之称的浙江东阳市横店镇。它是亚洲最大的影视拍摄基地，总计占地近3.4平方千米。这里自1996年拍摄电影《鸦片战争》以来，相继建成了广州街、香港街、秦王宫、清明上河图、明清宫苑、梦幻谷、大智禅寺、屏岩洞府等13个拍摄基地和2座超大型现代化摄影棚。

◆ **横店影视城** (图片提供：全景正片)

　　镇北堡西部影视城位于宁夏银川市西郊的镇北堡。这座影视城是在明清时期的边防城堡的基础上修建的，融合了历史的遗迹和现代影视艺术。在这里拍摄的影片之多，升起的明星之多，获得的国际、国内影视大奖之多，皆为中国各地影视城之冠，所以有"中国电影从这里走向世界"的美誉。

中国各大电影节

上海国际电影节：中国国内第一个国际电影节，每年举办一届，已被列入世界九大国际电影节。

北京国际电影节：亚洲最大的国际电影交易市场，每年举办一届。

中国长春电影节：中国第一个国家级电影节，两年举办一届。

金鸡百花电影节：中国历史最悠久、影响规模最大、最专业、最具权威性的电影评奖活动，每年举办一届，被誉为"中国奥斯卡"。

香港电影金像奖：香港最具代表性、最具权威性的电影颁奖礼活动，也是香港电影人心中的"奥斯卡"。

台湾电影金马奖：中国台湾地区的电影颁奖礼活动，金马奖与金像奖、金鸡百花奖是中国最权威且最专业的三个国家级电影节。

◆ 上海国际电影节logo

◆ 中国长春电影节logo

好莱坞电影中的中国元素

在西方人眼中，中国是一个集古典文明和现代文化于一体的奇妙国度。当好莱坞电影在全球独领风骚之时，中国这个拥有悠久历史的文明古国自然成为电影片商的心头之好，越来越多的国际级大制作都在中国进行取景拍摄，越来越多的中国元素在电影中呈现。

● 中国风光

中国风景秀丽，越来越多的好莱坞电影选择在中国取景。北京、上海、香港这些大都市，是东西方文化最为交融的地区，自然成为好莱坞电影人了解中国的首选之地。如《碟中谍3》中便展现了中国最为繁华的大都市上海；《蝙蝠侠前传2：黑暗骑士》中香港维多利亚港璀璨的夜景为该片增添了华彩的魅力。除此之外，武夷山、桂林、安吉、西塘等远离尘嚣、宁静秀美的地区，西安、敦煌等历史悠久、文化底蕴深厚的古城，也在好莱坞电影中得到了展现。桂林山水甲天下，《面纱》、《星战前传3：西斯的复仇》等电影便选取了桂林唯美的风光作为背景。《黄石的孩子》中敦煌那一望无际的黄沙，《木乃伊3：龙帝之墓》古老的西安城，都给影片增加了沧桑神秘的色彩。

● 中国功夫

上世纪70年代初，"功夫影帝"李小龙（1940—1973）在美国电影界中创造了不朽的东方传奇。他主演的功夫片风行海内外，他是将"Kung Fu（功夫）"一词写入英文字典的人。继他之后，有更多的华人功夫明星从中国电影走向世界电影，最具影响力的有成龙、李连杰、杨紫琼等，他们为好莱坞注入了新鲜的血液。中国功夫在好莱坞电影中也常常出现。美国动画电影《功夫熊猫》中便展现了太极、五行拳等中国功夫，并且剧中的场景、配乐都采取中国元素，此外中国的水墨画、皮影艺术等在电影中也有所展现。整部电影散发着浓郁的"中国风"。

◆ **李小龙雕像 香港星光大道** _{（图片提供：全景正片）}

过年看大片——贺岁档电影

　　春节，是中国人最重要的节日，是辞旧迎新的节日。贺岁，是春节文化的产物，指庆贺岁末。从20世纪80年代起，每逢岁末，香港的一些明星会自发地拍摄几部热闹、喜气的影片献给观众。这些影片多以"恭喜发财"、"福禄寿喜"、"家有喜事"等具有吉祥寓意的词为片名。这就是贺岁档电影的起源。

　　1998年，冯小刚导演的第一部贺岁片《甲方乙方》开启了中国内地的贺岁档电影市场。自此，中国的贺岁档电影一年多过一年，题材日渐多样。贺岁档电影的档期也由原来的春节前逐渐扩展到每年的11月初至次年的3月初，横跨圣诞节、元旦、春节、元宵节、情人节等多个节日。贺岁档被视为中国最完善、竞争最激烈、票房产出能力最高、消费能力最强的电影档期，许多国外影片也选择加入贺岁片的档期。

◆ **2011年贺岁档电影海报集结在影院门口** (图片提供：CFP)

动画片《大闹天宫》 和《小蝌蚪找妈妈》

　　说起动画片，大家最先想到的可能是美国的迪斯尼和日本的动漫艺术，其实中国国产动画片也正以蓬勃发展的势头向着成熟的方向发展。和其他国家动画片不同，中国动画片更注重民族特色，题材以神话传说、中国古典文学、寓言故事为主，如20世纪60年代以《西游记》为题材的《大闹天宫》，是令人百看不厌的经典之作。中国动画片还在制作过程中加入水墨画、剪纸、皮影、京剧等多种元素，对世界其他国家的动画事业产生了很大的影响。

和爸爸妈妈一起看的动画片

　　如果和70后、80后谈起中国的动画片，那么你一定会听到《葫芦兄弟》、《黑猫警长》、《大头儿子小头爸爸》、《蓝皮鼠和大脸猫》、《舒克和贝塔》、《海尔兄弟》等名字。这些动画片伴随着他们长大。如今，这些孩子中已经有很多人身为人父、人母，但他们仍然记得这些动画片中的经典人物和情节。当电视机上回放这些经典的动画片时，他们一定会陪着自己的孩子一起观看，重温自己的童年。

彩色动画片

◆ 动画片《大闹天宫》宣传海报（图片提供：FOTOE）

小 资 料

中国国产动画片的第一

第一部动画片——1926年《大闹画室》

第一部动画长片——1942年《铁扇公主》

第一部木偶动画片——1947年《皇帝梦》

第一步彩色动画片——1955年《乌鸦为什么是黑的》

第一部剪纸动画片——1958年《猪八戒吃西瓜》

第一部水墨动画片——1960年《小蝌蚪找妈妈》

第一步彩色宽银幕动画长片——1979年《哪吒闹海》

◆ 《哪吒闹海》剧照

动起来的水墨画

水墨动画片是中国独创的动画艺术品种，诞生于1960年。它将中国水墨画引入动画制作中。第一部水墨动画片《小蝌蚪找妈妈》成功地借鉴了国画大师齐白石创作的鱼虾等形象，并将层层渲染的笔墨和动画表演结合起来，<u>丝丝入扣</u>，惟妙惟肖。

与一般动画片不同，水墨动画片没有轮廓线，而且制作工艺极其复杂，耗时耗力。从1960年到1995年，上海美术电影制片厂仅拍摄了《小蝌蚪找妈妈》、《牧笛》、《鹿铃》、《山水情》四部水墨动画片，它们在国际上都得到了很高的赞誉，日本动画界甚至称它们为"奇迹"。没有任何一个国家敢与中国人比较耐力。水墨动画片可以说是中国动画片的精髓，也是巅峰之作。但是，由于其投入大，回报少，已经少有创作。

◆ **水墨动画片《牧笛》中的画面**（图片提供：FOTOE）

动画新世界——从二维到三维

随着科技的进步，动画片进入了一个崭新的时代——3D时代。1995年，美国皮克斯动画工作室制作的第一部三维动画长片《玩具总动员》在美国上映。这部电影使全球动画行业焕发出新的活力。此后，三维动画片层出不穷，吸引了众多眼球。

2005年，中国制作并上映了第一部原创三维动画电影《魔比斯环》。这是中国第一部从内容风格、制作技术到市场运作都完全与国际接轨的三维动画电影，其尖端画面让美国迪士尼、皮克斯等动画公司都大为吃惊。《国际漫画艺术》杂志的编辑约翰·雷特说："我毫不怀疑，中国的动画技术已经开始与好莱坞或者欧洲抗衡。"

◆ 《魔比斯环》海报

从《雷雨》到
《暗恋桃花源》

　　话剧本是从西方传入中国的，英文名为"drama"，最初被译为"新剧"、"文明戏"等，1928年才定名为"话剧"，以区别于中国传统戏曲。话剧以无伴奏的对白为主，较少使用音乐、歌唱等，这一点和同为舞台剧的音乐剧、歌剧不同。中国话剧虽起步较晚，但经过一个世纪本土化和全球化的双向发展，已经在世界话剧界内形成了一定的格局。

中国第一戏
——《雷雨》

　　1933年，年仅23岁的剧作家曹禺完成了他的第一部话剧《雷雨》的创作。这部作品被称为"中国第一戏"，至今仍被中国各地的剧团不断演出，甚至被几十个外国剧团以不同的语言搬上国际舞台。

　　20世纪30年代，话剧《雷雨》在上海引起了巨大的轰动，著名文学评论家茅盾

◆ 在《雷雨》中饰演周朴园的曹禺

先生以一句"当年海上惊《雷雨》"来描述当时的情景。曹禺先生通过两个在伦理血缘上有着千丝万缕联系的家庭之间的纠葛，剖析了社会和历史的深重罪孽。

《雷雨》中的人物性格丰满，人物关系纠缠复杂，戏剧冲突如同夏日雷雨来临前的征候一般一触即发，是戏剧艺术的完美之作。《雷雨》也成为中国话剧的代名词，常常出现在当代话剧作品中，如孟京辉导演的《两只狗的生活意见》、陈道明主演的《喜剧的忧伤》等都借用《雷雨》的经典片段和台词，来达到一种和台下观众心照不宣的强烈效果。此外，张艺谋导演的电影《满城尽带黄金甲》，更是直接由《雷雨》的故事和人物关系改编而成。

北京人民艺术剧院

北京人民艺术剧院是中国国家级话剧院，始建于1952年，首任院长即《雷雨》的作者曹禺先生。

在半个世纪的历程中，北京人民艺术剧院的演出遍及全国。1980年，经典剧目《茶馆》赴德国、法国和瑞士演出，开创了中国话剧走出国门的先河。

◆ 北京人民艺术剧院首都剧场（图片提供：CFP）

常演常新之作——《暗恋桃花源》

　　《暗恋桃花源》是台湾著名导演赖声川在1986年创作的话剧，故事情节简单，讲述的是现代爱情悲剧"暗恋"和古装爱情喜剧"桃花源"两个互不相干的剧组与同一个剧场签订了当晚彩排的合约，双方争执不下，不肯相让。由于演出在即，他们不得不同时在剧场中彩排，成就了一出古今悲喜交错的舞台奇观。

　　1986年《暗恋桃花源》在台湾首次公演，引起了台湾岛内的轰动。四年后，该剧重演，由当红影星林青霞担任了《暗恋》剧组中的女主角，并于次年拍成电

◆ **林青霞在《暗恋桃花源》中的造型** (图片提供：CFP)

◆ **话剧《新暗恋桃花源》**（图片提供：CFP）

　　《新暗恋桃花源》根据《暗恋桃花源》改编而成，剧中《暗恋》部分仍采用话剧形式，而《桃花源》部分则用越剧的形式来表现。

影，在国际影展中拿下许多大奖。

　　2006年，为了纪念《暗恋桃花源》首演20周年，《暗恋桃花源》进行重演并同时在台湾和内地推出。内地版《暗恋桃花源》的演员阵容由明星演员黄磊、袁泉、孙莉、何炅、谢娜、喻恩泰等组成。2010年，导演赖声川在此剧中夹入越剧元素，改名为《新暗恋桃花源》，并在这一版本中增添不少新意，给观众带来了奇妙的视听感受。2012年，话剧《暗恋桃花源》又复排上演，再次带给观众不一样的艺术感受。